STEVE MILLER
FOR UKULELE

Cover photo by Photofest

ISBN 978-1-61774-169-2

7777 W. BLUEMOUND RD. P.O. BOX 13819 MILWAUKEE, WI 53213

Visit Hal Leonard Online at
www.halleonard.com

Abracadabra

Words and Music by Steve Miller

Hey Yeah

Written by Paul Henry Ray and Jimmie Vaughan

First note

Verse
Moderate Rock beat

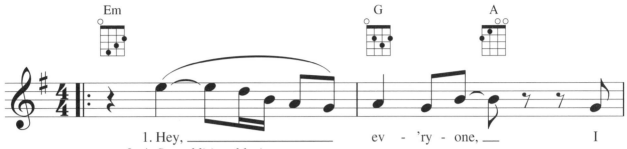

1. Hey, _____ ev - 'ry - one, ___ I
2.-4. *See additional lyrics*

think I'll take this time to have ___ some fun. ___ I know ___ we've

just be - gun; ___ I think I'll go a - head and play my gui - tar some. ___

𝄋 Interlude

D.S. (last time) and fade

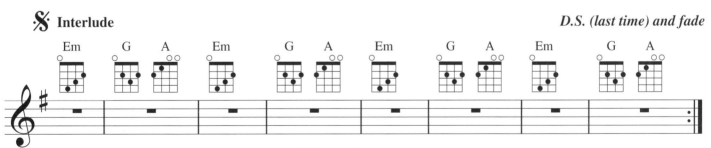

Additional Lyrics

2. Hey, now's your chance.
   You've even got the perfect circumstance.
   If you can't find someone to dance,
   Just move your hips, baby, and shake your pants.

3. Hey, grab a hold.
   Hold me tight and squeeze me till my love runs cold.
   Hey, it's all right,
   Up and down and in and out and out of sight.

4. Hey, everyone,
   You know the blues has got me on the run.
   My guitar's got a rockin' tone
   And we're just gonna keep on partyin' on.

Dance Dance Dance

Words and Music by Steve Miller, Brenda Cooper and Jason Cooper

I don't know, ___ but I've been told ___ if you keep on danc - in' you'll
Take my hand ___ and come a - long, ___ let's go out ___ and
such a pret - ty la - dy, you're such a sweet girl; when you dance, _ it bright - ens

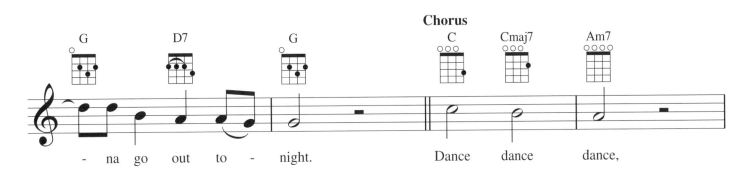

nev - er grow _ old. ___
have some _ fun. ___ Come on, dar - lin', put a pret - ty dress on; we're gon-
up my ___ world. _

Chorus

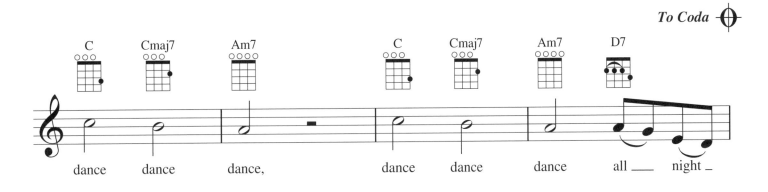

- na go out to - night. Dance dance dance,

To Coda ⊕

dance dance dance, dance dance dance all ___ night _

⊕ **Coda**

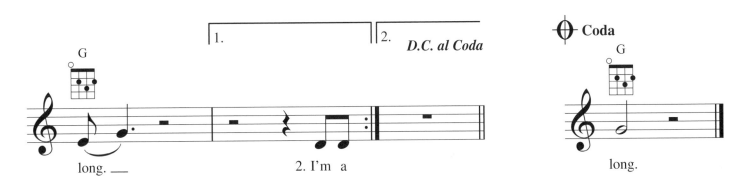

1. | 2. *D.C. al Coda*

long. ___ 2. I'm a

long.

Fly Like an Eagle

Words and Music by Steve Miller

First note

Intro
Moderately, in 2

Am

Play 4 times

Tick   tock _ tick.   Doot   doot doo   doo.

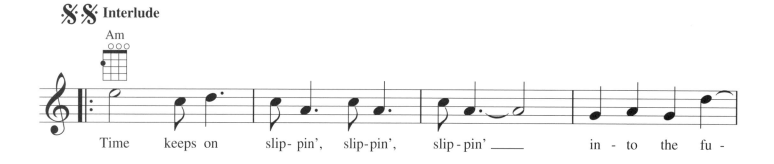

Interlude

Am

Time   keeps on   slip- pin',   slip-pin',   slip-pin' _____   in - to   the   fu-

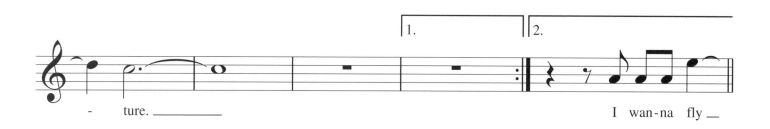

1.

2.

-ture. _____   I   wan-na   fly _

Chorus

Am7   D7   F   Am   Am7

_____   like   an   ea - gle _____   to   the   sea. _____   Fly   like   an   ea-

-gle, let my spir-it car-ry me. I want to fly like an ea - gle ____

To Coda ⊕

till I'm free, ____ right ____ through the rev - o - lu - tion. ____

Verse

____ Feed the ba - bies who don't have e - nough _ to eat.

Shoe the chil - dren with no shoes on ____ their feet.

House the peo - ple liv - in' in ____ the street. Oh, ____

⊕ **Coda**

D.S. al Coda

D.S.S. and fade

there's a so - lu - tion. I wan-na fly ____ ____

Jet Airliner

Words and Music by Paul Pena

First note

Intro

Moderate Rock beat

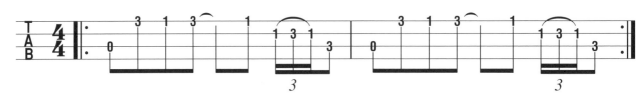

Verse

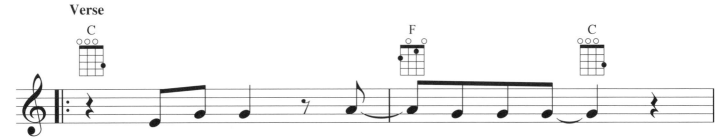

1. Leav - in' home out _____ on the road, _____
2. Good - bye to all _____ my friends at home; good-
3. Touch - in' down in _____ New Eng - land town;

I've been down be - fore. _____ Rid - in' a - long ____ on this big ____
- bye to peo - ple I've trust - ed. ____ I've got to go out ____ and ____ make ____
feel the heat com - in' down. ____ I've got to keep on ____ keep -

____ ol' jet plane, ____ I've been think - in' a - bout ____ my ____ home. ____
____ my ____ way. ____ I might get rich, you know, I might get ____ bust -
- in' ____ on. ____ You know, the big wheel ____ keeps ____ on ____ spin -

_- ed. _____ _____ But my love - light seems ___ so back -
_- nin' a - round. But my heart _____ keeps call - in' me far ___
And I'm go - in' with some hes - i -

___ a - way, _____ and I _____ feel like it's all _____ been done. __
_- wards _____ as I _____ get on the Sev - en - o - sev -
ta - tion. _____ You know that I can sure - ly see ___

___ Some - bod - y's try'n' ___ to make ___
en. Rid - in' high, ___ I got
___ that I don't want to get caught up in

___ me stay. _____ You know, I've got to be mov - in'
tears in my ___ eyes. You know, you got to go through hell be - fore you
an - y of _____ that funk - y shit go - in'

on.   Oh. _____
get to heav - en.   Big old jet _____ air - lin -
down in the cit - y.

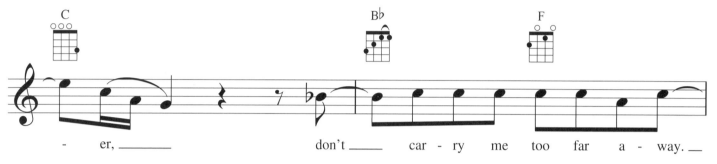

- er, _____   don't _____ car - ry me too far a - way. ___

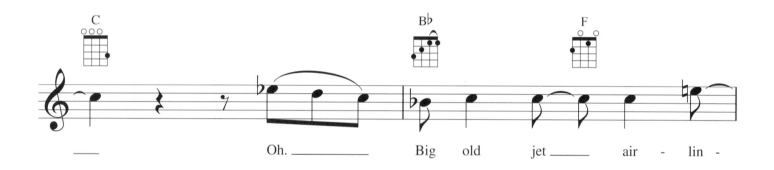

___   Oh. _____   Big old jet _____ air - lin -

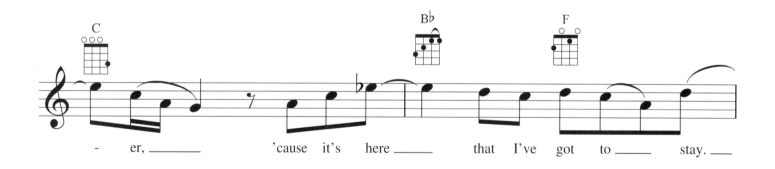

- er, _____   'cause it's here _____ that I've got to _____ stay. ___

1., 2.   **3.**

D.S. and fade

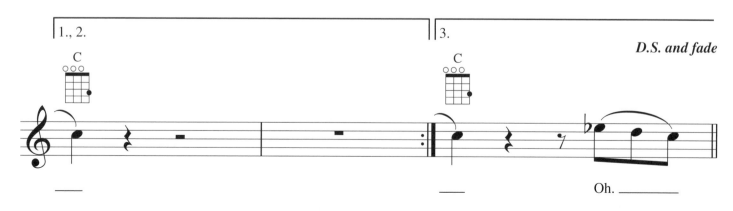

___   ___   Oh. _____

The Joker

Words and Music by Steve Miller, Eddie Curtis and Ahmet Ertegun

First note

Verse
Moderately

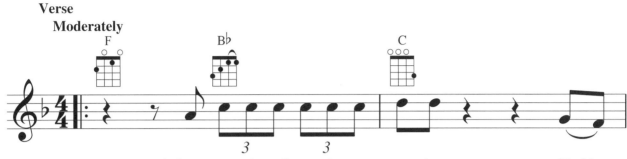

1. Some peo-ple call me the space cow-boy.   Yeah! _
2. *See additional lyrics*

Some call me the gang-ster of love. _____

Some peo-ple call me Maur-ice _____   'cause I

speak   of the pom-pa-tus of love. _____

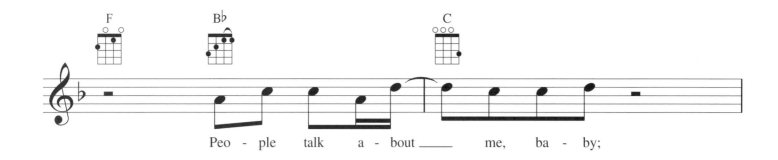

Peo - ple talk a - bout ____ me, ba - by;

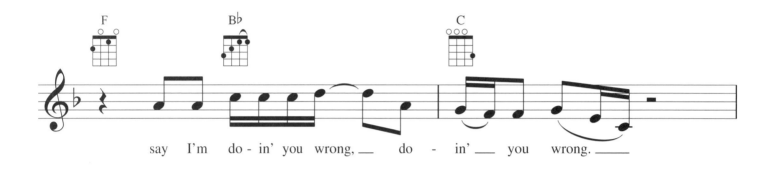

say I'm do - in' you wrong, __ do - in' __ you wrong. ____

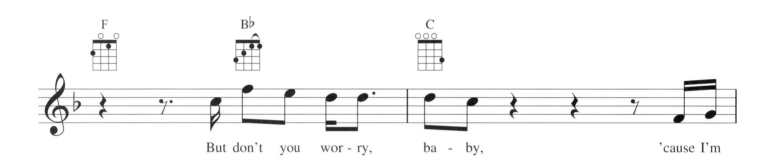

But don't you wor - ry, ba - by, 'cause I'm

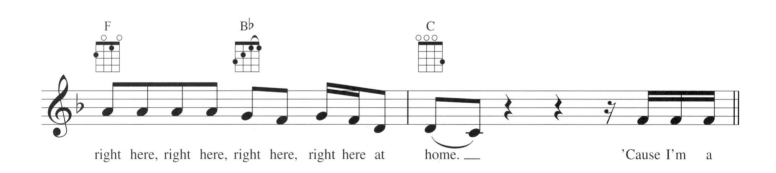

right here, right here, right here, right here at home. __ 'Cause I'm a

Chorus

pick - er, I'm a grin - ner, I'm a lov - er, and I'm a sin - ner.

14

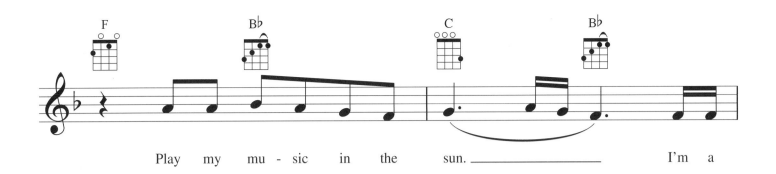

Play my mu - sic in the sun. _____ I'm a

jok - er, I'm a smok-er, I'm a mid - night __ tok - er.

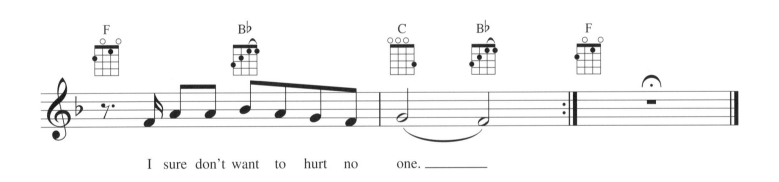

I sure don't want to hurt no one. _____

Additional Lyrics

2. You're the cutest thing that I ever did see;
   I really love your peaches, want to shake your tree.
   Lovey dovey, lovey dovey, lovey dovey all the time;
   Ooh wee, baby, I'll sure show you a good time.
   Chorus

Jungle Love

Words and Music by Lonnie Turner and Greg Douglass

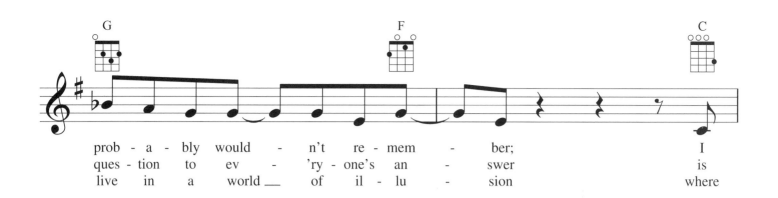

prob - a - bly would - n't re - mem - ber;
ques - tion to ev - 'ry - one's an - swer
live in a world __ of il - lu - sion

I

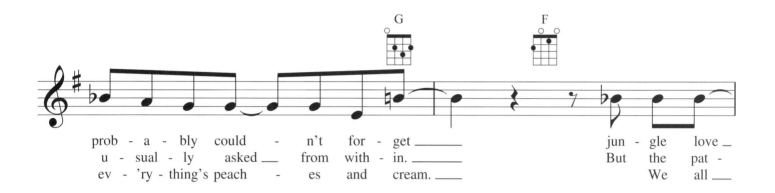

prob - a - bly could - n't for - get _____
u - sual - ly asked __ from with - in. _____
ev - 'ry - thing's peach - es and cream. ____

jun - gle love __
But the pat -
We all __

__ in the surf __ in the pour - ing rain. ___
- terns of the rain and the truth _____ they con - tain, __ that I've writ -
__ face the scar - let con - clu - sion, but we spend __

Chorus

- 'ry - thing's bet - ter when wet. __
- ten my life on your skin. ___
__ our time in a dream. __

Jun - gle love: __

__ it's driv - in' me mad; __ it's mak - in' me cra - zy.

Jun - gle love: ___ it's driv - in' me mad; ___ it's mak - in' me cra -

- zy.

2. But

Interlude

To Coda ⊕

D.S. al Coda
(take 2nd ending)

⊕ **Coda**

N.C.

3. You

My Dark Hour

Words and Music by Steve Miller and Paul Ramone

First note

Intro
Moderately fast Rock

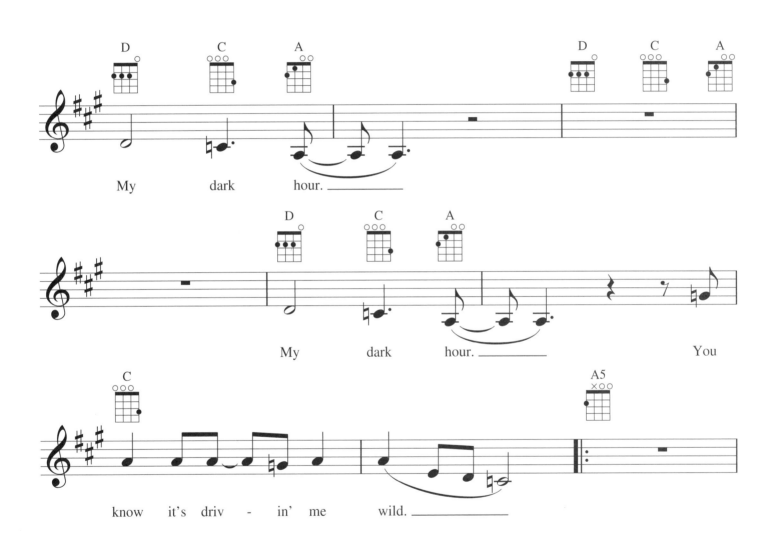

My   dark   hour. _____

My   dark   hour. _____   You

know it's driv - in' me   wild. _____

1. Well,   well, ___ I   went ___
2. Uh, well, I   went ___

Verse

____ to see the doc - tor and I had ____ my for - tune read.
____ to see the doc - tor, a just to have ____ my for - tune read. __

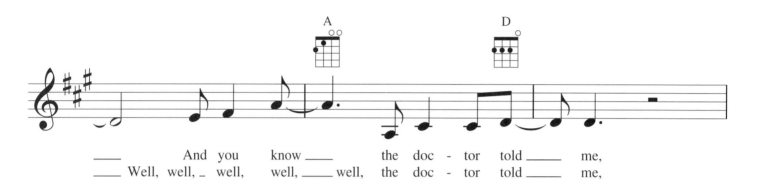

____ And you know ____ the doc - tor told ____ me,
__ Well, well, _ well, well, ____ well, the doc - tor told ____ me,

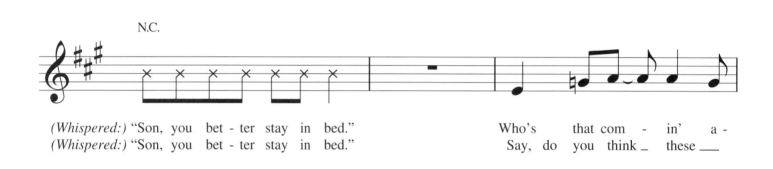

(Whispered:) "Son, you bet - ter stay in bed." Who's that com - in' a -
(Whispered:) "Son, you bet - ter stay in bed." Say, do you think _ these __

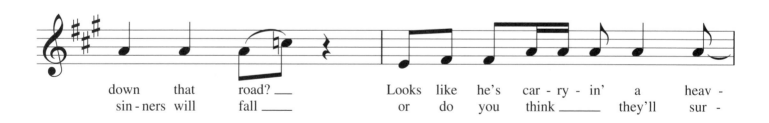

down that road? ___ Looks like he's car - ry - in' a heav -
sin - ners will fall ___ or do you think _____ they'll sur -

\- y load. ___ What was the word ___ that he
vive us all? ___ Well, well, ___ well, ___ well, a -

started to say? Wan - na come with ___ me on ___
down ___ this road, won't you ___ help ___ me car -

Chorus

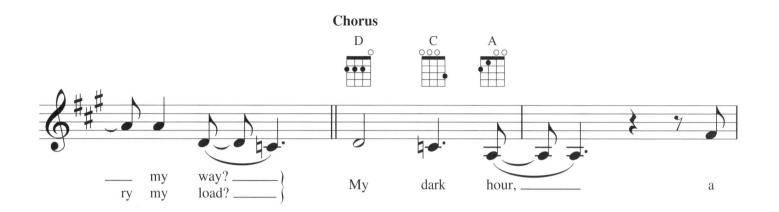

___ my way? ___ My dark hour, ___ a
ry my load? ___

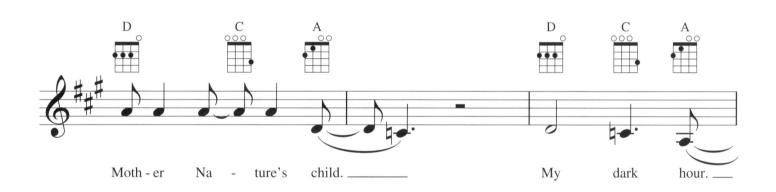

Moth - er Na - ture's child. _____ My dark hour. ___

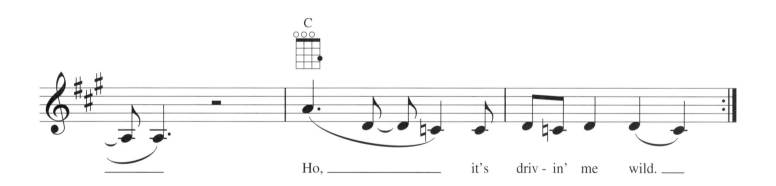

Ho, _____ it's driv - in' me wild. ___

Outro

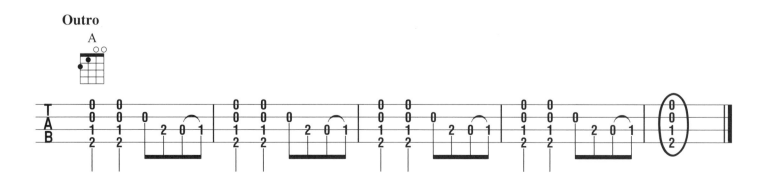

Living in the U.S.A.

Words and Music by Steve Miller

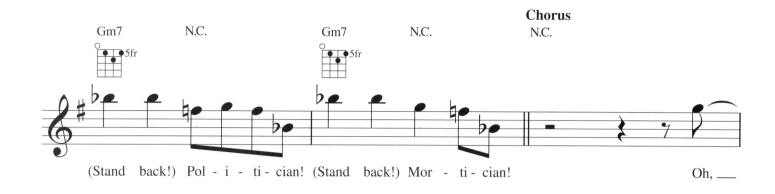

(Stand back!) Pol - i - ti - cian! (Stand back!) Mor - ti - cian!   Oh,

___ we got to get a - way. ___   Uh, liv - in' in the U. S. A. _

___   Come on, ba - by. _____   See a

Verse

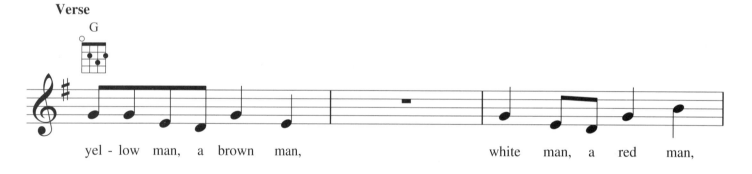

yel - low man, a brown man,   white man, a red man,

look - in' for Un - cle Sam _____   to

give you a help - in' hand. _____   So ev - 'ry - bod - y's kick - in' sand, _

e - ven pol - i - ti - cians. _____ We're

liv - in' in a plas - tic land; ___ some - bod - y give me a hand, __

C   Eb

___ yeah. _____ Oh, _____ we're gon - na

Bb   C   Eb

make it, ba - by. _____ Yeah, _____ we got to

Bb   C   Eb

shake it, ba - by. _____ Oh, _____ don't

D.S. and fade

N.C.

break it, yeah, __ yeah, yeah, __ yeah, yeah. __

Rock'n Me

Words and Music by Steve Miller

First note

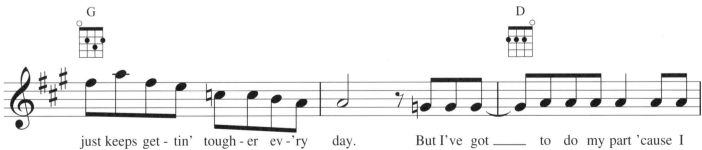

look - in' real hard and I'm try'n' to find a job, but it
4. Don't get sus - pi - cious, now don't be sus - pi - cious, babe. You

just keeps get - tin' tough - er ev - 'ry day. But I've got ___ to do my part 'cause I
know you are a friend of mine. ___ And you know ___ that it's true that all the

know in my heart ___ I've got to please my sweet ba - by, yeah. ___
things that I do ___ are gon - na come back to you in your sweet time. ___

___ 2. Well, I ain't ___ su - per - sti - tious and I
Phoe - nix, Ar - i - zo - na, all the
___ 5. I went from Phoe - nix, Ar - i - zo - na, all the

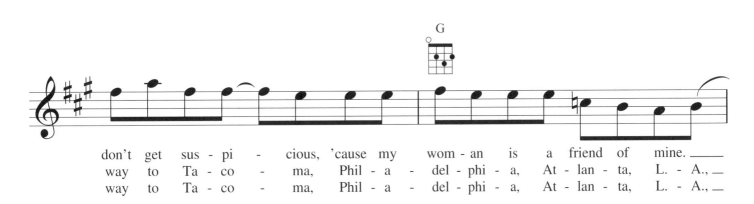

don't get sus - pi - cious, 'cause my wom - an is a friend of mine. ___
way to Ta - co - ma, Phil - a - del - phi - a, At - lan - ta, L. - A., ___
way to Ta - co - ma, Phil - a - del - phi - a, At - lan - ta, L. - A., ___

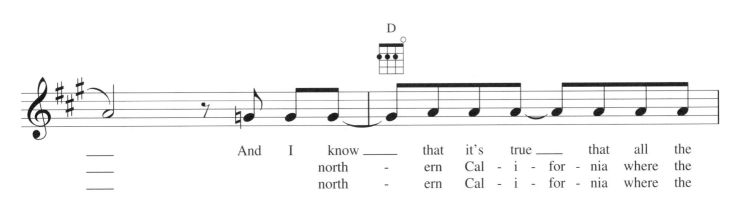

___ And I know ___ that it's true ___ that all the
___ north - ern Cal - i - for - nia where the
___ north - ern Cal - i - for - nia where the

things that I do ___ will come back ___ to me in my sweet
girls are warm ___ so I could be with my sweet ba - by,
girls are warm ___ so I could hear my sweet ba - by

28

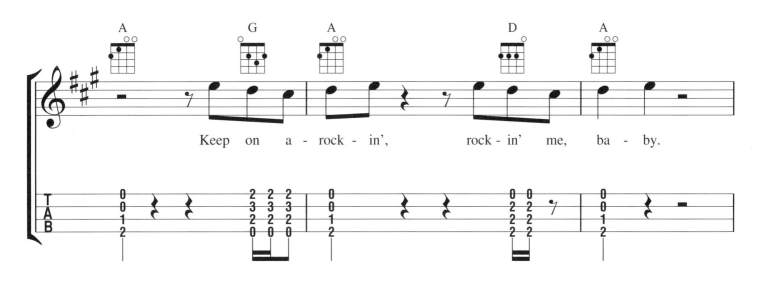

Keep on a - rock - in', rock - in' me, ba - by.

D.S. al Coda

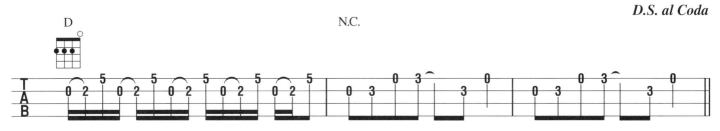

Coda

Outro

rock - in' me, ba — by; keep on a - rock - in' me, ba — by;

keep on a - rock - in' me, ba — by; keep on a -

Repeat and fade

rock - in' me, rock - in' me, rock - in', ba - by, ba - by, ba - by. Keep on

Serenade from the Stars

Words and Music by Steve Miller and Chris McCarty

31

Shu Ba Da Du Ma Ma Ma Ma

Words and Music by Steve Miller

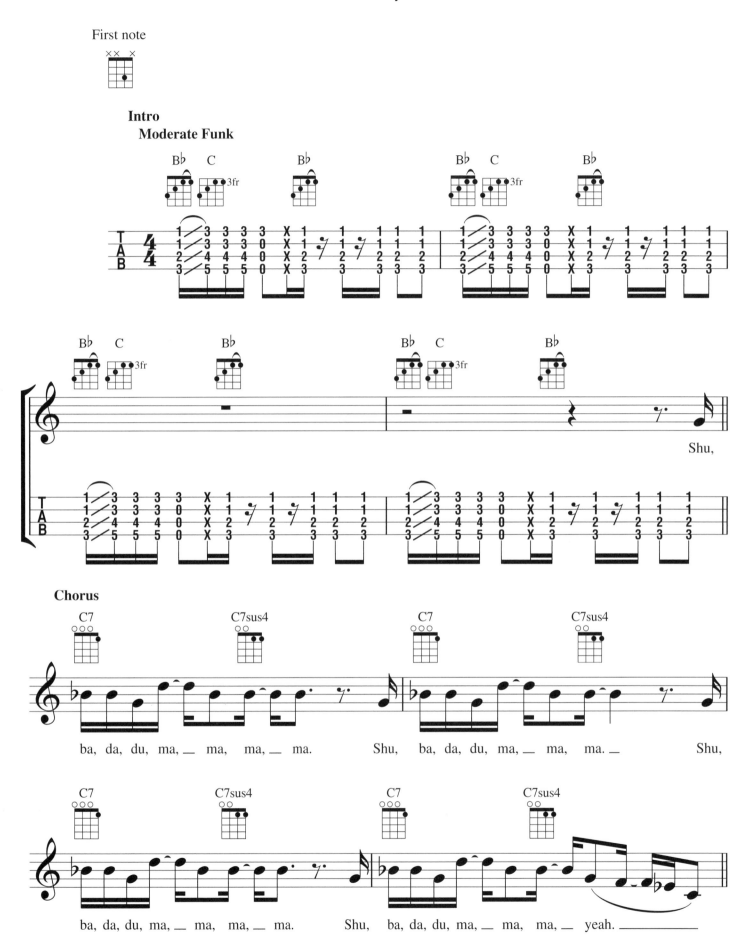

Interlude

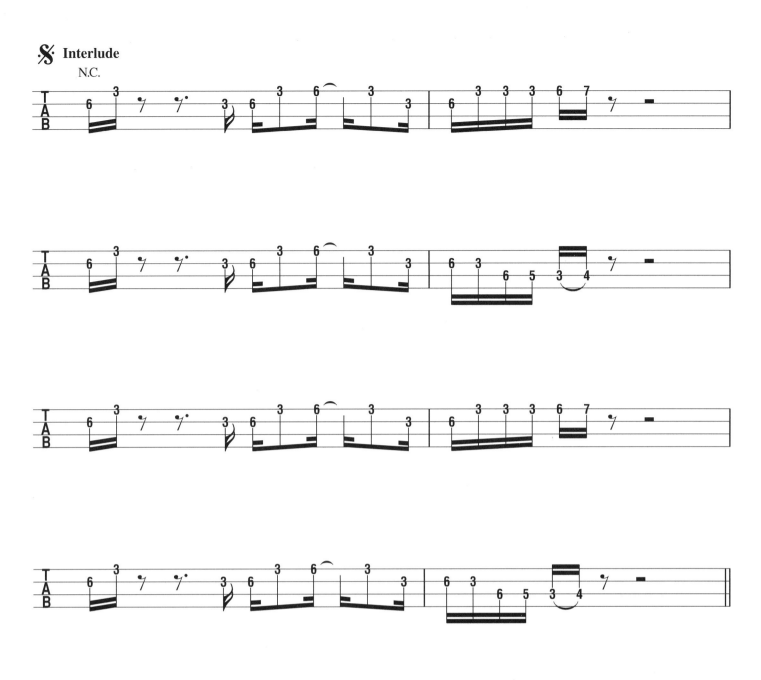

Verse

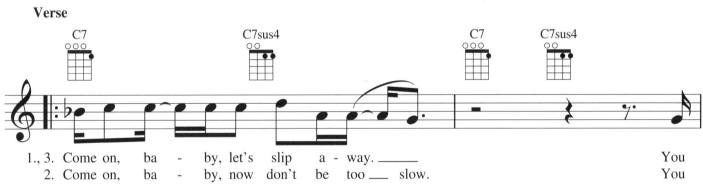

1., 3. Come on, ba - by, let's slip a - way. _____ You
2. Come on, ba - by, now don't be too __ slow. You

know I'm in a hur - ry, I wan - na leave right a - way. _
know I'm in a hur - ry, I real - ly do wan - na go.

Don't make sense — if it ain't — the real — thing. —
First you're up — and — then — you're down. _____

Noth - in' but the real thing makes — my heart — sing. _____ Yeah. _____ Shu,
Cra - zy liv - in' in this — old town. _

Chorus

ba, da, du, ma, — ma, ma, — ma.   Shu, ba, da, du, ma, — ma, ma. —   Shu,

To Coda ⊕ | 1.

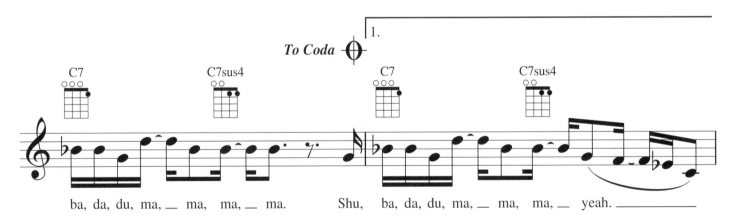

ba, da, du, ma, — ma, ma, — ma.   Shu, ba, da, du, ma, — ma, ma, — yeah. _____

| 2.

D.S. al Coda

ba, da, du, ma, — ma, ma, — yeah. _____

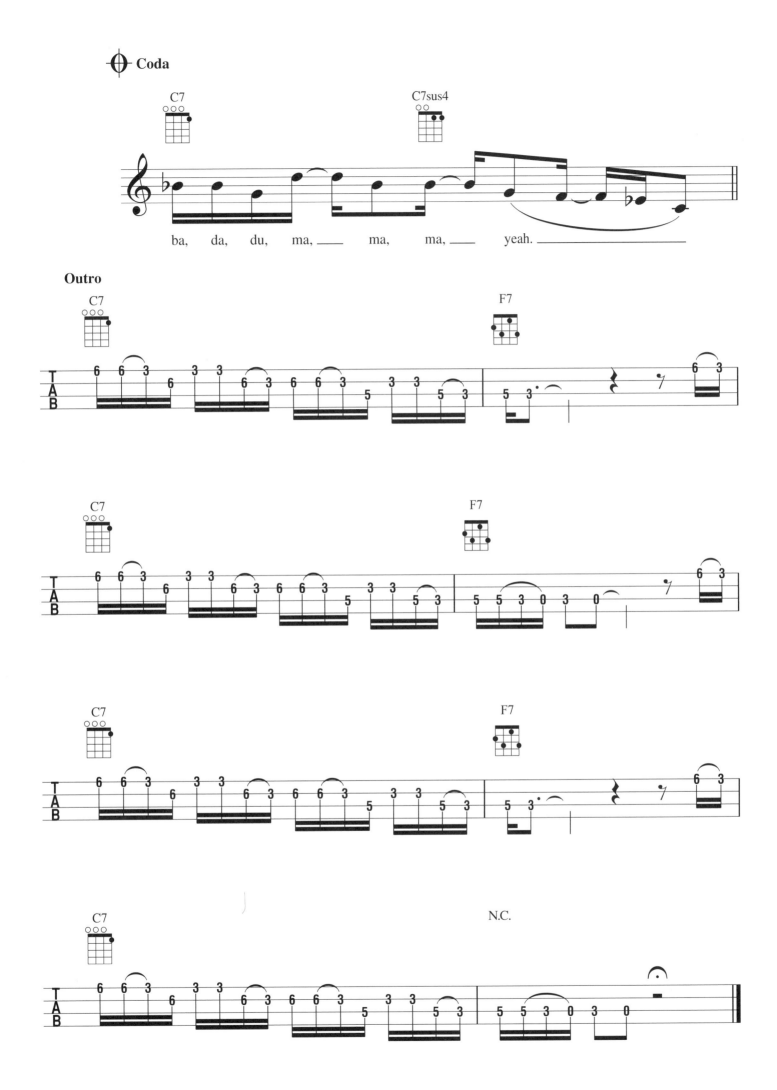

ba, da, du, ma, ____ ma, ma, ____ yeah. _____

Space Cowboy

Words and Music by Steve Miller and Ben Sidran

love _____ and the same _____ old sto - ry with a
prise. _____ There ain't no _____ way a - round it, ain't ___
hurt. _____ All you back - room schem - ers, star -

new set of words __ a - bout the good and the bad ___ and the poor. __
noth - ing to say ___ that's gon - na sat - is - fy my soul, deep in - side. __
- trip ___ dream - ers bet - ter find some - thin' new _____ to say.

____ And the times ____ keep on chang - in' so I'm
____ All the pray - ers and sur - vey - ors keep the whole __
____ 'Cause you're the same old sto - ry, it's the same __

keep - in' on top of ev - 'ry bad cat who walks through my door. __
____ place up - tight, while it keeps on get - ting dark - er out - side. __
____ old ___ crime and you got some heav - y dues ___ to pay. __

Chorus

_____
_____ I'm a space _____ cow - boy, _____ bet __
_____

you weren't read - y for that. _____ I'm a space _

cow - boy. I'm

sure you know where it's at, _____ yeah, yeah, _____ yeah, yeah. _____

Interlude

To Coda ⊕

Doo, doo, doo, doo, doo, doo, doo, doo, doo, doo, doo,
(Vocal 1st time only)

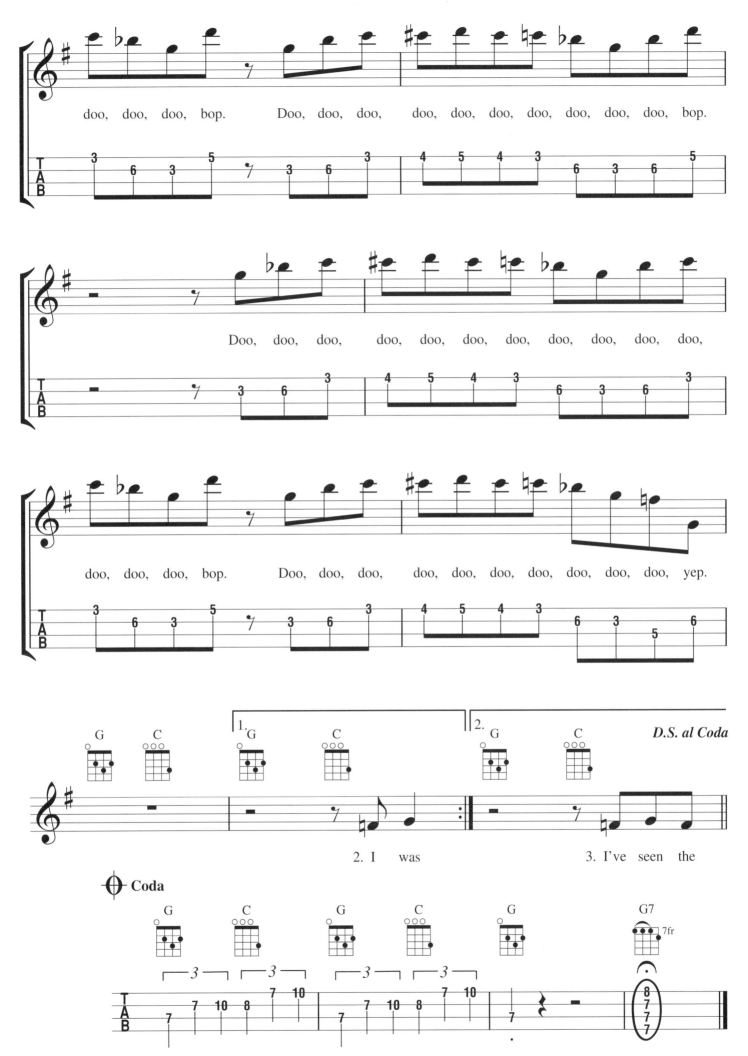

The Stake

Words and Music by David Denny

First note

Verse
Moderate Blues style

1. Burn - in', burn - in', __ all __ you can take. __
2. Light rain's o - ver; __ the sun's __ all a - round. __

Wheels are turn - in' in the
Four - leaf clo - ver as I

bed __ you __ make. __
pull __ you __ down. __

I'll

Chorus

take you o - ver; __ you're tied __ at the stake. __

Swingtown

Words and Music by Steve Miller and Chris McCarty

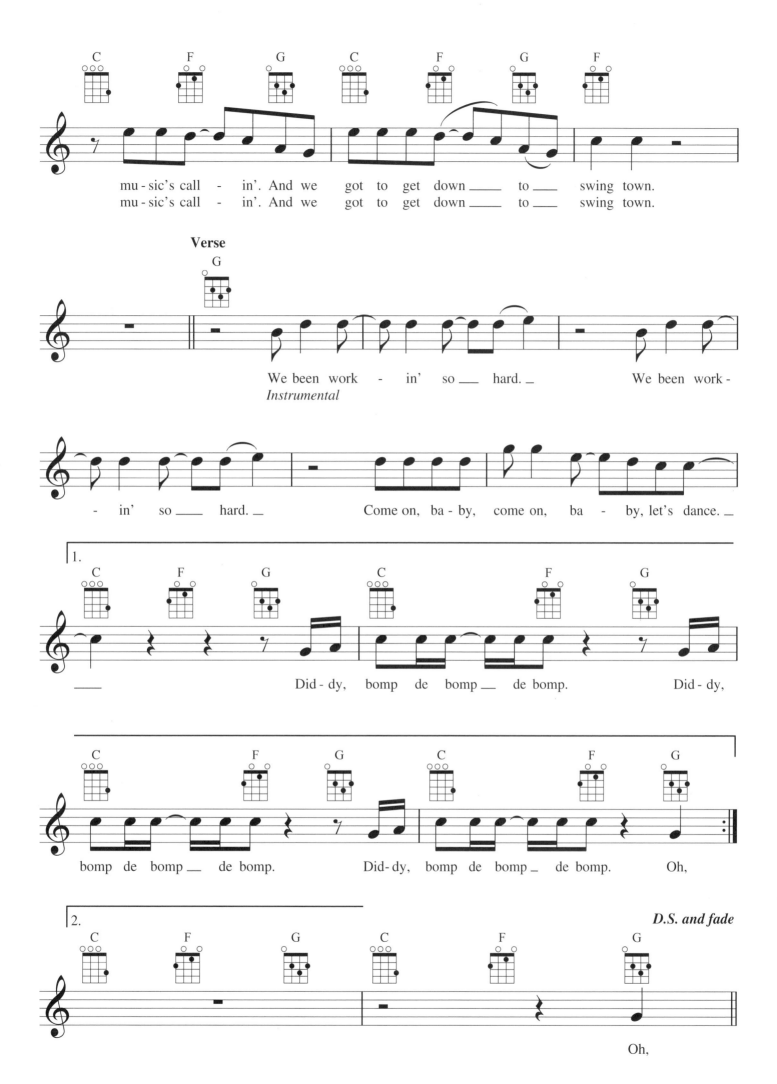

Take the Money and Run

Words and Music by Steve Miller

First note

Verse
Moderately

1. This here's a sto-ry 'bout Bil-ly Joe ____ and Bob - by Sue, ___
2. Bil - ly Mack is a de - tec - tive down __ in Tex - as;

two young lov - ers ____ with ____ noth - in' bet - ter to __ do ___
you know, he knows __ just ex - act - ly what __ the __ facts is.

than sit a - round the house, get high and watch __ the tube. ___
He ain't gon - na let those two es - cape ___ jus - tice;

And here's what hap - pened when they de - cid - ed to cut __ loose:
he makes his liv - ing off of the peo - ple's tax - es.

They head - ed down __ to _____ old El Pa - so;
Bob - by Sue, ___ oh, _____ she slipped a - way;

that's where they ran ___ in - to a great big has - sle.
Bil - ly Joe ___ caught up to her the ver - y next ___ day.

Bil - ly Joe ___ shot a man while rob - bing his cas - tle;
They got the mon - ey, hey, they got a - way;

Bob - by Sue ___ took the mon - ey and run.
they head - ed down South and they're still run - ning to - day, ___ sing - ing:

𝄋 Chorus

Go on, ___ take the mon - ey and run.   Go on, ___ take the mon - ey and

run.   Go on, ___ take the mon - ey and run.

1.   2. *D.S. and fade*

Go on, ___ take the mon - ey and run.

True Fine Love

Words and Music by Steve Miller

Who Do You Love

Words and Music by Steve Miller and Tim Davis

Verse

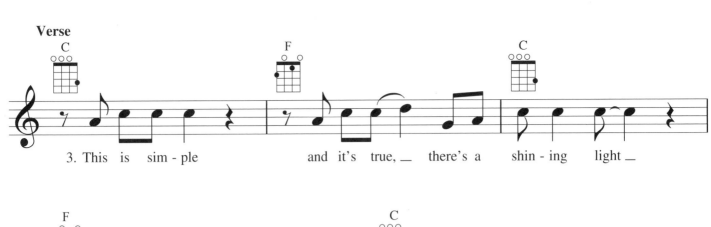

3. This is sim-ple · · · and it's true, __ there's a · · shin-ing light __

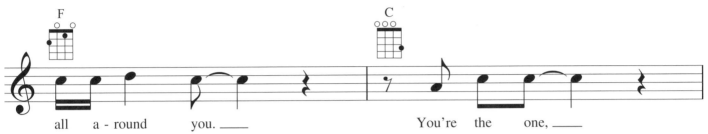

all a-round you. ____ You're the one, ____

you're the fire, __ you can make __ it high-er and high-er.

𝄋 Bridge

This is the place. Now is the time. Tell me now, dar-lin',

Chorus

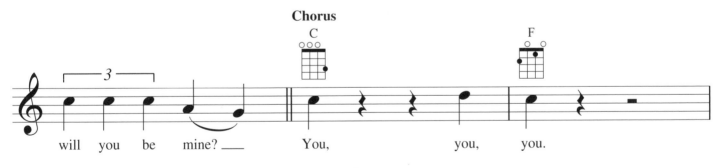

will you be mine? ____ You, you, you.

To Coda ⊕

Who do you love? Who do you love? Who do you love? 4. Put your arms __

Wild Mountain Honey

Words and Music by Steve McCarty

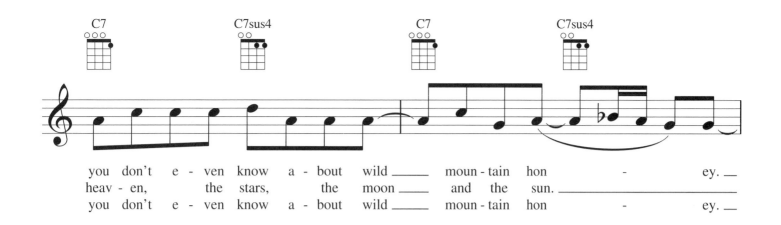

you don't e - ven know a - bout wild _____ moun - tain hon - ey. __
heav - en, the stars, the moon _____ and the sun. _____
you don't e - ven know a - bout wild _____ moun - tain hon - ey. __

N.C.

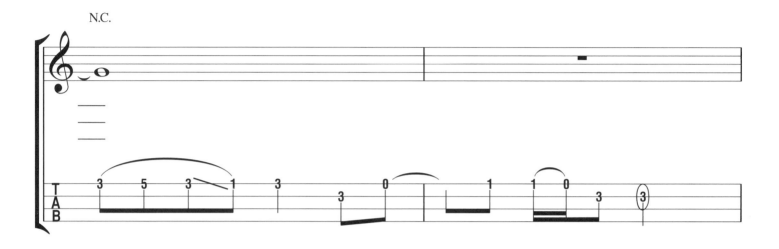

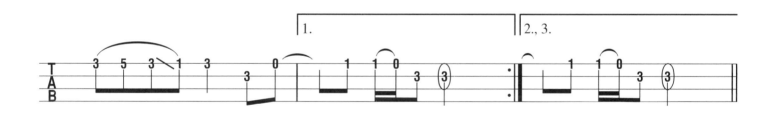

1.   2., 3.

To Coda ⊕

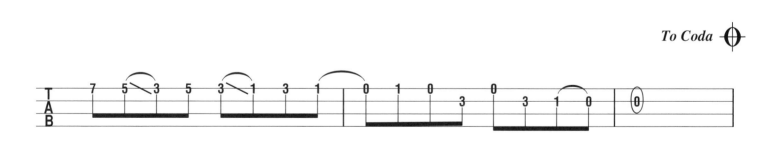

D.S. al Coda
(take 2nd ending)

⊕ **Coda**

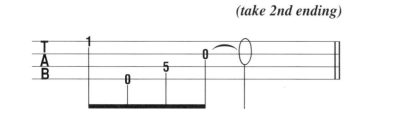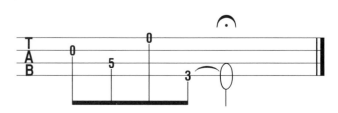

Wide River

Words and Music by Chris McCarty

Coda

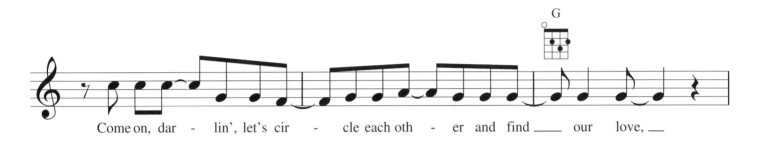

Come on, ba - by, let's run _____ in cir - cles.

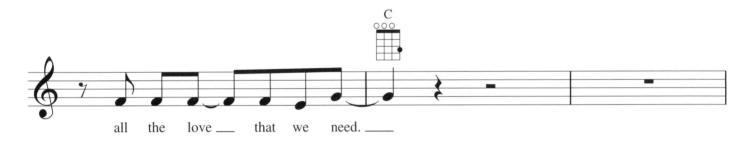

Come on, dar - lin', let's cir - cle each oth - er and find _____ our love, ___

all the love ___ that we need. ___

Come on, ba - by, let's cir - cle each oth - er, where we can do,

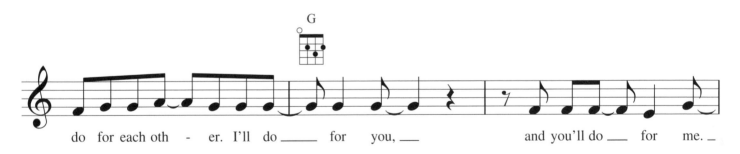

do for each oth - er. I'll do _____ for you, ___ and you'll do ___ for me. ___

D.S.S. al Coda 2   **Coda 2**

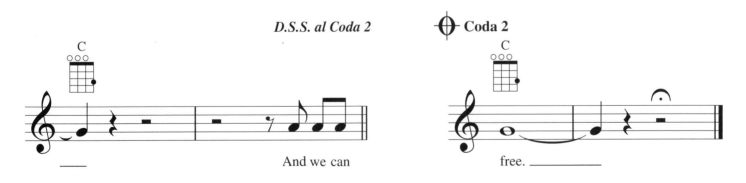

___   And we can   free. _____